AF359855

PARIS. — IMPRIMERIE DE CH. LAHURE ET Cⁱᵉ
Rue de Fleurus, 9

LE CALCUL AMUSANT

LA TABLE DE PYTHAGORE

SERVIE AUX PETITS ENFANTS

PAR TRIM

ORNÉE PAR Bertall

I. PRÉFACE. — DEUX ET UN.

Dieu t'a donné deux pieds pour marcher vers le bien,

Deux mains pour apporter aux autres un soutien ;

Deux yeux pour contempler le monde et ses merveilles ;

Pour écouter le bien et le vrai deux oreilles ;

Mais une bouche seulement

Pour ne pas trop manger et parler rarement !

Ivrognes hideux.

Deux fois un font deux.

Voyez-les se battre !

Deux fois deux font quatre.

Pour payer le trois-six.

Deux fois trois valent six.

A tous deux il en cuit.

Deux fois quatre font huit.

Pour l'un, *de profundis !*

Deux fois cinq valent dix.

Il gît sur la pelouse.

Deux fois six valent douze.

L'autre prit une entorse ;

Deux fois sept font quatorze.

Fut six mois sur sa chaise.

Deux fois huit valent seize.

Le malheureux par suite,

Deux fois neuf font dix-huit.

Estropié devint.

Deux fois dix font vingt.

Un habit tout neuf.

Trois fois trois font neuf.

Un ouvrier en blouse.

Trois fois quatre font douze.

Vêtement de prince.

Trois fois cinq font quinze.

Robe d'un bon Jésuite.

Trois fois six font dix-huit.

Habits d'un pauvre à jeun.

Trois fois sept font vingt-un.

Des habits qu'on va battre.

Trois fois huit font vingt-quatre.

Manteau qu'on époussète.

Trois fois neuf font vingt-sept.

Robe transparente.

Trois fois dix font trente.

IV. LES JEUX.

Les billes et le trapèze.

Quatre fois quatre font seize.

Les barres, jeu divin!

Quatre fois cinq font vingt.

Les soldats ! On va combattre.

Quatre fois six font vingt-quatre.

Bataille, victoire, fuite !

Quatre fois sept font vingt-huit.

On finit ce jeu hasardeux :

Quatre fois huit font trente-deux.

On lit : tout le monde est assis,

Quatre fois neuf font trente-six.

Toute la classe ignorante !

Quatre fois dix font quarante.

Un dîner peu succinct.

Cinq fois cinq font vingt-cinq.

Conséquence apparente.

Cinq fois six valent trente.

On fait venir un médecin.

Cinq fois sept valent trente-cinq.

Bouche moins dévorante,

Cinq fois huit font quarante.

Quand il faut prendre le ricin.

Cinq fois neuf font quarante-cinq.

Une brune piquante!

Cinq fois dix font cinquante.

Philémon et Baucis.

Six fois six trente-six.

Le grand calculateur Mondeux.

Six fois sept font quarante-deux.

Le roi Holopherne et Judith.

Six fois huit font quarante-huit.

Le roi de France Henri quatre.

Six fois neuf font cinquante-quatre.

Reine compatissante.

Six fois dix font soixante.

VII. LE BŒUF.

Prenez garde aux cornes du bœuf!

Sept fois sept font quarante-neuf.

Il vous prend le berger Tircis

Sept fois huit font cinquante-six.

Par ses pantalons trop étroits,

Sept fois neuf font soixante-trois.

Et vous l'envoie au Paradis!

Sept fois dix font soixante-dix.

VIII. LE NOYÉ.

Un noyé qu'on voit se débattre

Huit fois huit font soixante-quatre.

Sous les regards de son épouse!

Huit fois neuf font soixante-douze.

Tout en pleurs elle revint.

Huit fois dix font quatre-vingts.

IX. LE MARIAGE.

Quand elle a pleuré le défunt,

Neuf fois neuf font quatre-vingt-un.

Elle épouse un autre Amadis.

Neuf fois dix font quatre-vingt-dix.

L'enfant innocent.

Dix fois dix font cent.

PARIS. — IMPRIMERIE DE CH. LAHURE ET Cⁱᵉ
Rue de Fleurus, 9